설민석의 역사 고민 상담소 ❸
발해와 고려 시대

글 설민석, 서지원 | **그림** 조병주 | **감수** 단꿈 연구소
펴낸날 2021년 6월 3일 초판 1쇄, 2025년 1월 30일 초판 3쇄
펴낸이 신광수 | **출판사업본부장** 강윤구 | **출판개발실장** 위귀영
아동IP파트 박재영, 박인의, 김규리 | **출판디자인팀** 최진아, 강륜아 | **저작권 업무** 김마이, 이아람
출판사업팀 이용복, 민현기, 우광일, 김선영, 신지애, 허성배, 이강원, 정유, 정슬기, 정재욱, 박세화, 김종민, 정영묵, 전지현
출판지원파트 이형배, 이주연, 이우성, 전효정, 장현우
펴낸곳 (주)미래엔 | **등록** 1950년 11월 1일 제16-67호
주소 서울특별시 서초구 신반포로 321 | **전화** 미래엔 고객센터 1800-8890 팩스 541-8249
홈페이지 주소 www.mirae-n.com

ISBN 979-11-6413-802-9 74910
ISBN 979-11-6413-690-2 (세트)

ⓒ Dankkumi Corp.

본 제품은 (주)단꿈아이와의 상품화 계약에 의해 (주)미래엔에서 제작·판매하는 것으로 무단 복제 및 전재를 금합니다.
『설민석의 한국사 대모험』 원작사 (주)단꿈아이 / 『설민석의 한국사 대모험』 그림 작가 정현희

파본은 구입처에서 교환해 드리며, 관련 법령에 따라 환불해 드립니다. 다만, 제품 훼손 시 환불이 불가능합니다.
책값은 뒤표지에 있습니다.

KC 마크는 이 제품이 공통안전기준에 적합하였음을 의미합니다.
사용 연령: 8세 이상

설민석의 역사 고민 상담소 ❸

글 설민석, 서지원 | 그림 조병주
감수 단꿈 연구소

Mirae N 아이세움

 **들어가는 말**

안녕하세요? 여러분의 역사 선생님, 설민석이에요.

한국사에 대한 여러분의 크나큰 사랑 덕분에, 선생님은 지난 20년간 책, 방송, 강연 그리고 유튜브를 통해 우리 대한민국의 역사를 널리 알리는 데 힘써 왔어요.

그런데 늘 마음 한편이 허전했답니다. '역사적 지식과 교훈을 전달하는 데 그치지 않고, 어린이들에게 실질적으로 도움이 되는 책을 만들 수는 없을까?' 하는 고민 때문에요.

그래서 이번에 새롭고 재미난 한국사 이야기로 여러분을 찾아왔어요. 〈설민석의 역사 고민 상담소〉 시리즈는 역사 속 인물과 사건에 얽힌 이야기로 여러분의 고민을 말끔히 해결해 줄 거예요.

'역사는 현재를 비추는 거울'이라는 말이 있어요. 역사를 통해 우리 조상들의 지혜를 배우면, 현재 우리가 마주친 문제의 답을 찾을 수 있거든요. 온달, 평강, 로빈, 그리고 역사 고민 상담소의 소장님인 설쌤과 함께 여러분의 고민을 시원하게 해결하고, 역사 상식도 쏙쏙 담아 가는 알찬 시간이 되길 바라요.

부담 없이 역사 공부를 시작하고 싶은 어린이, 한국사의 흐름을 쭉 한번 짚어 보고 싶은 어린이, 재미있는 이야기로 스트레스를 풀고 싶은 어린이라면, 〈설민석의 역사 고민 상담소〉로 놀러 오세요! 데굴데굴 구르고 깔깔 웃으며 책장을 넘겼을 뿐인데, 우리나라 역사의 흐름과 굵직한 사건들이 자연스레 습득되는 신기한 경험을 하게 될 것입니다.

자, 이제 역사 고민 상담소의 문을 똑똑 두드려 볼까요?

– 설민석 드림

차례

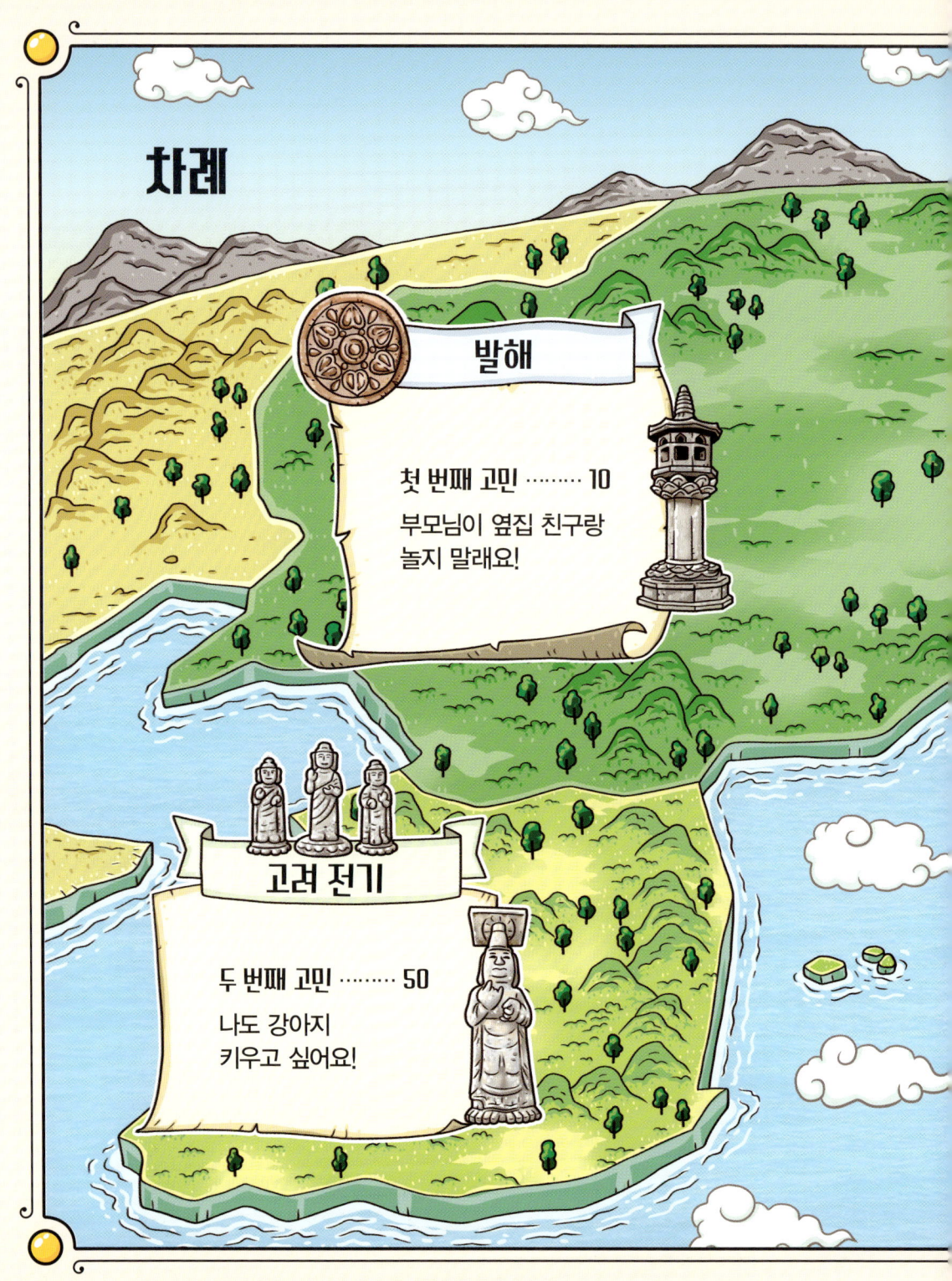

발해

첫 번째 고민 ········ 10
부모님이 옆집 친구랑 놀지 말래요!

고려 전기

두 번째 고민 ········ 50
나도 강아지 키우고 싶어요!

등장 인물

설쌤

역사 고민 상담소의 소장님이에요.
손님들의 고민을 해결하기 위해
스마트폰으로 역사 속 인물을
소환하는 기술이 나날이 늘고 있어요.

로빈

역사 고민 상담소에서 손님 응대와
홍보를 맡고 있는 마스코트예요.
사람이 아닐까 의심스러울 정도로
영리하지만, 가끔씩 똥고집을
부릴 때가 있어요.

평강

고구려에서 온 공주이자,
설쌤의 믿음직한 조수예요.
겉으로는 온달이를 타박하지만
은근히 온달이를 챙겨 줍니다.

온달

딱히 맡은 역할은 없지만,
역사 고민 상담소의 어엿한 조수예요. 요즘 들어
설쌤과 평강이가 나오는 꿈을 자주 꾸곤 해요.
역사 고민 상담소에는 어떤 비밀이 있기에
온달이가 이런 꿈을 꾸는 것일까요?

상담소 문을 열자, 귀여운 꼬마 한 명과 늠름한 여자아이 한 명이 서 있었어요. 몇 주 만에 방문한 손님들인지!

두 아이는 "정말 고민을 해결해 주는 곳 맞죠?"라고 말하며 상담소 안으로 허겁지겁 들어와 숨도 쉬지 않고 이야기를 쏟아 냈어요.

3학년 샛별이와 1학년 아람이는 친남매보다 친한 사이예요. 하지만 샛별이네 부모님과 아람이네 부모님은 앙숙도 그런 앙숙이 없지요. 두 집이 처음부터 사이가 나빴던 건 아니에요. 샛별이네 〈빵 굽는 곰〉 베이

커리와 아람이네 〈아람 파스타〉는 누구보다 사이가 좋은 이웃 사촌이었어요.

그런데 〈빵 굽는 곰〉에서 브런치를 팔기 시작하면서, 두 집 사이가 벌어지기 시작했어요. 〈아람 파스타〉의 손님들이 샛별이네 빵집으로 브런치를 먹으러 가면서 두 가게는 라이벌이 되고 말았답니다.

비록 부모님은 서로 철천지원수가 되었지만, 샛별이와 아람이는 여전히 친남매처럼 사이가 좋았어요. 오늘도 둘은 함께 등교하려고 가게 앞에서 만나기로 했는데…….

"저희는 헤어지기 싫어요. 이사 가기 싫다고요!"

샛별이가 말했어요. 아람이도 샛별 누나의 옷자락을 꽉 붙잡으며 울음을 꾹 참았어요. 아이들의 고민을 다 듣고 난 뒤, 설쌤은 자신만만한 미소를 지었어요.

"훗, 그런 문제라면 이분만큼 잘 해결해 주실 분이 없겠구나."

잠시 후, 설쌤의 스마트폰에서 강한 빛이 뿜어져 나왔어요. 아이들은 두 눈을 질끈 감았어요.

잠시 후, 상담소 바닥에 역사의 문이 열리더니 까맣고 자그마한 동물이 조르르 기어 나왔어요.

엥? 문왕 님이 나오셔야 하는데……. 아이고, 핸드폰이 또 고장 났나 보네!

저건 담비 아녜요?

잠시 후, 역사의 문 안에서 환한 미소를 머금은 임금님 한 분이 유유히 걸어 나왔어요.

어허, 깜장아. 싸우지 말라고 했잖느냐. 싸우는 건 서로 손해야!

또 잔소리!

어서 오십시오, 발해의 문왕이시죠? 누추한 곳까지 오시게 해서 죄송합니다.

허허, 그렇소. 내가 발해의 3대 임금인 문왕이오.

발해? 동해 옆에 있는 바다인가요?

우아, 바다의 임금님이면 용왕님? 그럼 토끼 간도 드셔 보셨어요?

끙! 선진 문물을 받아들여 발해를 부강하게 만든 나에게 용왕이라니!

휘들 짝!

발해는 고구려를 계승한 나라란다. 신라가 삼국을 통일한 후, 남쪽은 통일 신라, 북쪽은 발해가 통치하던 이 시대를 '남북국 시대'라고 불러. 발해는 고구려 사람인 대조영이 세운 나라야.

가자, 옛 고구려 땅으로!

대조영은 고구려 유민들을 이끌고 옛 고구려 땅으로 가서 발해를 세웠어요. 대조영이 무사히 도착할 수 있도록 길을 안내해 주세요.

문왕은 따끈따끈한 상담소 바닥을 만지며 인자한 미소를 지었어요.

문왕은 발해 사람들도 온돌을 사용한다고 했어요.
"발해는 몹시 추운 북쪽에 있지만, 온돌 덕분에 겨울을 잘 날 수 있단다."

설쌤은 온돌이 우리나라 고유의 난방 장치라고 귀띔해 주었어요. 그런 온돌을 사용했다는 것은 발해가 고구려를 계승한 증거라고 덧붙였지요.

"그밖에도 발해가 고구려를 계승했다는 증거는 차고 넘쳐."

아이들이 무슨 말인지 어리둥절해 하자, 영리한 로빈이 사박사박 앞으로 나서 설쌤의 스마트폰을 살포시 눌렀어요.

충격 고백! 발해, 고구려의 핏줄로 밝혀져!

발해의 유물·유적 속에 고구려의 흔적 속속 발견

발해와 고구려가 아들과 아버지 관계였다는 충격적인 소식이 밝혀졌다. 발해 지역에서 발견된 온돌, 기와는 물론 석등까지 고구려의 문화가 깃들어 있는 유물은 발해가 중국이 아닌 우리의 역사라는 사실을 다시 한 번 확실히 증명해 주었다. 익명의 한국사 전문가는 "발해가 무조건 고구려를 따라한 것은 아니지만, 다양한 문화와 결합하여 발해만의 스타일로 재창조했다."고 밝혔다.

발해 연꽃무늬 수막새

고구려 연꽃무늬 수막새

발해 이불병좌상

고구려 금동연가7년명 여래입상

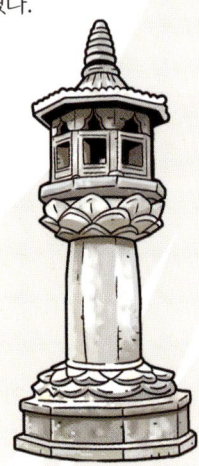
동경성지 발해석등

아이들이 넋을 잃고 기사를 읽는 동안, 문왕과 담비는 따뜻한 상담소 바닥에 앉아 꾸벅꾸벅 졸고 있었어요. 아람이는 더는 못 기다리겠다는 듯 뚜벅뚜벅 문왕에게 걸어가더니…….

문왕은 싸우지 않고 이기는 것이 가장 크게 승리하는 것이라고 입에 침을 튀겨 가며 설명했어요.

결국 아람이는 울음보가 터지고 말았어요. 오늘 저녁에 열릴 요리 대결에서 어느 쪽이 이기든, 아람이와 샛별이는 헤어져야 하니까요.

아이들은 싸우지 말라는 말만 반복하는 문왕이 못마땅한지 입을 삐죽거렸어요.

아이들이 불만을 늘어놓자 문왕은 식은땀을 흘렸어요. 담비도 덩달아 안절부절 못했어요.

발해의 교역로

문왕은 발해의 수도 상경을 중심으로 다섯 갈래의 길을 만들어 이웃 나라들과 교류했어요. 다음 중 발해와 교역한 나라에 도착하지 못한 사람은 누구일까요?

꽝! / 일본 / 신라

상담소 식구들과 문왕, 그리고 아람이와 샛별이가 먹자골목에 도착했을 때는 이미 여섯 시가 훌쩍 넘어 있었어요. 부모님의 요리 대결도 끝나고 이제 결과만 기다리고 있었지요.

아람이는 땀이 흐르는 손으로 샛별이를 꼭 잡았고, 샛별이도 발만 동동 굴렀어요. 진 팀은 당장 이 마을을 떠나야 한다니, 생각만 해도 눈물이 흘렀어요.

그때였어요. 갑자기 문왕이 사람들 사이를 비집고 무대 위로 올라가지 뭐예요!

무대 위에 자리 잡은 문왕은 테이블에 놓여 있는 아람이네 스파게티와 샛별이네 케이크를 게 눈 감추듯 먹어 치웠어요.

설쌤은 더 이상 두고 볼 수 없어, 사람들을 안심시키려고 무대 위로 올라갔어요.

"허허, 그럼 시작하지."

문왕은 입 주변을 옷소매로 닦은 뒤 본격적으로 심사를 시작했어요. 요리의 색깔도 보고, 냄새도 맡으며 두 집의 요리를 꼼꼼하게 살펴봤지요. 문왕은 먼저 〈빵 굽는 곰〉 케이크의 심사평을 발표했어요.

이 요리는 아주 맛이 좋았소. 하지만 한 가지 아쉬운 점이 있소.

샛별이네 부모님은 "우리가 졌네, 졌어!" 하며 망연자실했어요.

아람이네 스파게티의 심사평도 이어졌어요. 아람이네 부모님은 승리를 확신하며 기대에 부풀었어요. 하지만…….

"이 기다란 면 요리 역시 아주 일품이었소. 하지만 여기도 한 가지 부족한 점이 있었소."

"아이고, 떠날 준비를 해야겠군."

샛별이네 가족과 아람이네 가족은 모두 낙담했어요. 일이 생각대로 흘러가지 않자, 설쌤과 평강이와 온달이는 어쩔 줄 몰랐어요.

샛별이와 아람이는 문왕이 했던 말을 떠올렸어요.
"싸우지 않고 이겨라. 화해하고 서로 도우며 잘 사는 것이 진짜 이기는 것!"

부모님을 설득하는 것은 만만치 않았어요. 결국 샛별이와 아람이는 직접 팔을 걷어붙였어요. 샛별이가 메인 요리사, 아람이는 조수 역할을 맡아 뚝딱뚝딱 요리를 만들어 냈지요.

잠시 후, 드디어 샛별이와 아람이가 협력하여 만든 신메뉴가 공개되었어요!

다들 드셔 보세요!

짜잔

신메뉴의 이름은 샛별이네 보슬보슬 빵에 아람이네 라자냐를 끼워 만든 '라자냐 버거'와 샛별이네 양파맛 빵과 아람이네 로제 파스타를 합친 '빵스타'! 구경하던 마을 사람들이 구름처럼 몰려들어 새로운 요리를 맛보았어요.

마을 사람들은 계속해서 감탄을 쏟아 냈어요. 보드라운 샛별이네 빵과 소스가 독특한 아람이네 파스타를 합치니, 두 가게의 단점은 작아지면서 훨씬 특별하고 신선한 맛이 탄생한 거예요!

사람들의 성화에 샛별이네 부모님과 아람이네 부모님은 머리를 긁적이며 화해했어요.

으아~! 배고파요! 점심 떡볶이 먹을까요?

며칠 후, 상담소 식구들은 점심을 먹으러 마을 먹자골목으로 향했어요.

우아! 언제부터 먹자골목이 이렇게 북적였지?

어? 저기 좀 봐요!

온달이가 가리킨 곳을 보니, 얼마 전 뜨거운 요리 대결이 펼쳐졌던 샛별이와 아람이네 가게 앞이 북적거렸어요. 방송국에서 촬영하러 나온 사람들과 구경하는 사람들이 한데 섞여 발 디딜 틈이 없었지요.

방송국에서 촬영도 하다니, 샛별이네와 아람이네 가게는 정말 맛집이 되었나 봐!

그럼 이번 고민 해결도 대성공?!

설쌤의 상담 일지 1

발해 문왕에게 배운 라이벌과 함께 성장하는 법!

이름	샛별이, 아랑이	**상담 날짜**	5월 10일, 오후 1시

고민 내용 매일 으르렁거리는 두 라이벌 가게, 서로 잘 지낼 방법은 없을까요?

처방전 서로 힘을 합쳐 부족한 부분을 보완하라!

상담 내용 오늘은 이웃사촌이었던 두 집안이 서로 앙숙이 되어 고민이라는 샛별이와 아랑이가 찾아왔다. 요리 대결에서 진 쪽이 동네를 떠나야 한다는 심각한 상황! 두 아이가 헤어지지 않으려면 특단의 조치가 필요하다!

남북국 시대

아이들의 고민을 해결하기 위해 발해의 제3대 왕인 문왕을 소환했다. 아랑이는 발해를 동해 옆 바다인 줄 알아 문왕을 실망시켰다. 발해는 고구려 후손들이 세운 나라다. 고구려가 멸망하자 당나라는 고구려 유민을 당으로 이주시켰다. 그런데 당나라가 혼란에 빠진 틈을 타 대조영이 고구려 유민과 말갈인들을 이끌고 탈출해 지린성 동모산 근처에 발해를 세웠다. 당시 북쪽으로는 발해, 남쪽으로는 신라가 있다고 하여 이때를 남북국 시대라고 부른다.

누가 뭐라 해도 우리는 고구려의 후예!

문왕은 따끈따끈한 역사 고민 상담소의 바닥을 만져 보더니 발해도 고구려처럼 온돌을 사용했다며 흐뭇해했다. 실제로 문왕이 일본에 보낸 외교 문서에 자신을 '고(구)려의 왕'이라고 표현할 정도로, 발해인들은 자신들이 고구려의 정신을 이어받았다는 것을 분명히 표현했다.

온돌뿐만 아니라, 기와나 도자기 등 발해의 유물을 살펴 보면 고구려 유물과 아주 비슷하여, 고구려의 문화를 이어받았다는 것을 알 수 있다.

우리 고유의 난방 장치, 온돌의 원리

무덤 또한 고구려의 양식을 이어받아 돌방무덤을 많이 이용했다. 그런데 문왕의 딸인 정효 공주의 무덤 벽화에 그려진 인물들의 복식을 살펴보면, 당나라의 영향도 받았음을 알 수 있다. 발해는 고구려의 문화를 계승하면서, 당나라의 문화도 함께 받아들여 발해만의 독자적인 문화를 이룬 것이다.

어제의 적은 오늘의 친구!

대조영의 뒤를 이어 왕위에 오른 발해 제2대 왕 무왕은 활발한 정복 활동을 벌여 영토를 크게 확장하고, 발해의 발전을 이끌었다. 장문휴 장군을 보내 당나라를 공격하기도 했다. 반면 제3대 왕인 문왕은 무왕과 전혀 다른 정책을 펼쳤다. 발해의 수도 상경을 중심으로 다섯 갈래의 교역로를 만들어서, 이 교역로를 통해 신라, 당, 거란, 일본, 중앙아시아 등 여러 나라와 교류했다.

역시 샛별이와 아람이의 고민을 해결하기 위해 문왕을 모셔 온 건 탁월한 선택이었다. 적대적인 관계였던 당과 신라와 열린 마음으로 교류했던 문왕이라면 두 집안의 갈등도 어렵지 않게 해결해 주실 터!

발해가 고구려를 계승한 사실을 알 수 있는 석등

바다 동쪽의 번성한 나라, 발해

발해는 제10대 왕인 선왕 때 이르러 영토를 크게 넓히면서 전성기를 맞이했다. 이에 당나라는 발해를 '바다 동쪽의 번성한 나라'라는 뜻의 '해동성국'이라 부르며 높이 평가했다. 그러나 발해는 귀족들의 권력 다툼으로 인해 점차 쇠퇴했고, 결국 926년에 거란의 공격을 받아 멸망하고 말았다. 이후 발해 유민들은 나라를 다시 세우려고 노력했지만 실패했고, 엄청나게 많은 발해 유민들이 고려로 넘어갔다.

문왕은 〈빵 굽는 곰〉과 〈아람 파스타〉가 서로의 부족한 점을 보완하여 새로운 메뉴를 개발하도록 이끌어 주었다. 적국과 교류하여 전성기를 맞이한 발해처럼, 두 가게도 멋지게 화해한 덕분에 방송국에서 촬영까지 오는 맛집으로 등극했다. 그나저나 오늘 저녁은 뭘 먹는담. 라자냐 버거? 빵스타? 으아, 행복한 고민이다!

두 번째 고민
나도 강아지 키우고 싶어요!

온달이가 로빈을 데리고 공원에 왔어요. 그런데 산책은 뒷전이고 거울을 보느라 정신이 없네요.

한참을 투덜대던 온달이는 뭔가 허전한 기분이 들었어요. 주위를 둘러보니, 웬걸! 조금 전까지만 해도 옆에 있던 로빈이 보이지 않았어요. 로빈이 감쪽같이 사라진 거예요!

온달이는 부들부들 떨리는 손으로 상담소에 전화했어요.

"쌤, 어떡해요? 로빈이 없어졌어요!"

곧 설쌤과 평강이가 공원으로 달려왔어요. 상담소 식구들은 온 동네를 뒤지며 애타게 로빈을 찾았지요.

그때 저 멀리, 로빈이 한 아이와 놀고 있는 게 보였어요.
"어? 저거 로빈 아니야?"

설쌤이 "로빈과 정이 많이 들었나 보구나." 하고 울먹거리는 아이를 토닥이자, 아이는 속내를 술술 털어놓았어요.

"사실 강아지를 입양하는 문제 때문에 고민이 많아요. 저는 강아지를 정말 키우고 싶은데, 부모님이 반대하시거든요."

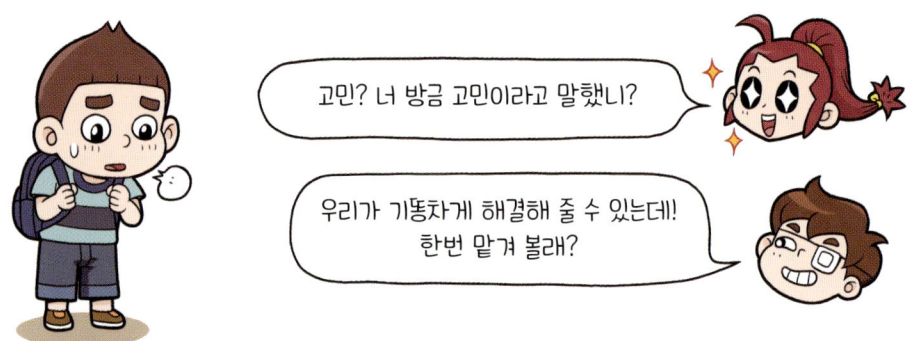

상담소 식구들은 아이를 데리고 역사 고민 상담소로 갔어요. 설쌤은 간단하게 역사 고민 상담소를 소개한 뒤 아이에게 고민을 좀 더 자세히 얘기해 보라고 했지요.

주혁이는 태권도, 코딩, 피아노 등 많은 것에 도전했지만 매번 금방 싫증이 나서 그만두었다고 고백했어요. 그래서 부모님은 강아지를 열심히 돌보겠다는 주혁이의 말을 믿어 주시지 않는대요. 강아지를 키우려면 매일 똥오줌도 치워야 하고 강아지가 말썽을 피울 때도 인내심을 갖고 돌봐야 하는데, 주혁이에게는 그런 끈기가 없기 때문이지요.

로빈이 설쌤의 스마트폰을 살며시 누르자, 상담소 벽이 무너지며 위엄이 뚝뚝 흐르는 임금님 한 명이 뚜벅뚜벅 걸어 나왔어요.

"도움이 필요한 자가 있다고 하여 내 급히 왔노라!"

그런데 임금님은 안대를 낀 온달이를 보더니 다짜고짜 화를 냈어요.

"네 이놈, 넌 궁예의 후손이로구나! 나를 골탕 먹이려고 부른 것이냐!"

처음 만난 임금님이 화를 내다니, 온달이는 어질어질했어요.

"저는 그, 그냥 다, 다래끼가 난 것뿐인데……."

"얘들아, 인사하렴. 이분은 궁예를 물리치고 고려를 건국한 뒤 후삼국을 통일한 태조 왕건이시란다."

설쌤은 아이들에게 왕건을 소개한 뒤, 온달이는 궁예의 후손이 아니라 단지 눈에 다래끼가 났을 뿐이라고 왕건을 안심시켰어요.

 # 진짜 영웅은 누구?

왕건, 궁예, 견훤, 경순왕 중 다른 모습을 하고 있는 한 사람을 찾아보세요.

후삼국 시대는 후고구려, 후백제, 신라가 서로 경쟁했던 시대야. 왕건은 폭정을 일삼은 궁예를 몰아내고 고려를 세웠어. 그 후, 후백제에서 탈출한 견훤과 손을 잡고 후백제를 공격하여 승리했고, 이 소식을 들은 신라의 경순왕이 고려에 항복했지.

궁예

신라의 왕족으로 태어났지만 권력 싸움에 휘말려 한쪽 눈을 잃었다고 전해져요. 901년에 후고구려를 세웠지만, 독재 정치를 하다가 신하들에게 쫓겨났어요.

견훤

신라 말기에 나라가 어지러워지자 지방 호족들이 들고 일어났어요. 이때 견훤이 세력을 모아 후백제를 세웠지만, 훗날 아들에게 배신을 당한 뒤 왕건에게 투항했어요.

경순왕

신라의 마지막 왕이에요. 고려의 세력이 막을 수 없을 정도로 커지자 고려에게 나라를 넘겨주었어요.

왕건

송악의 호족 출신으로, 궁예의 신임을 얻었어요. 하지만 궁예의 폭정이 심해지자, 그를 몰아내고 고려를 세워 왕위에 올랐어요. 후삼국을 통일했어요.

설쌤은 왕건에게 강아지를 입양하고 싶지만 가족의 반대에 부딪힌 주혁이의 고민을 들려주었어요.

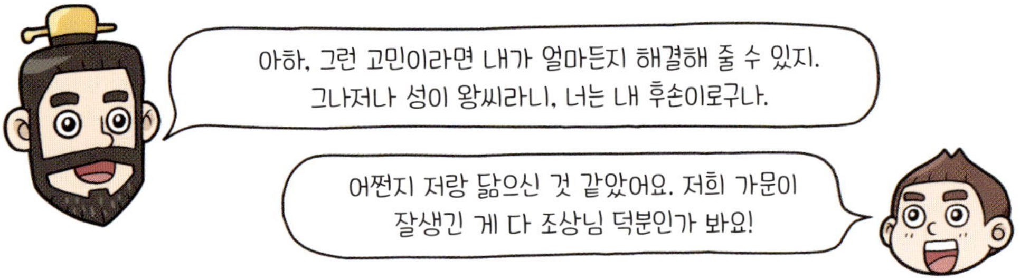

아하, 그런 고민이라면 내가 얼마든지 해결해 줄 수 있지. 그나저나 성이 왕씨라니, 너는 내 후손이로구나.

어쩐지 저랑 닮으신 것 같았어요. 저희 가문이 잘생긴 게 다 조상님 덕분인가 봐요!

칭찬에 기분이 우쭐해진 왕건은 자기 업적을 주절주절 늘어놓기 시작했어요.

"나로 말할 것 같으면, 고려를 세운 뒤 후백제와 신라를 통일시키고, 이곳의 유민과 발해의 유민까지 모두 받아들여 민족을 통합했단다. 다 내가 인자하고 통솔력이 뛰어난 덕분이지!"

이건 비밀인데, 내가 부인도 좀 많아. 29명쯤 되려나~!

29명이요? 대박! 혹시 바람둥이?

29명을 언제 다 만나?

헉

실망이야ㅠㅠ

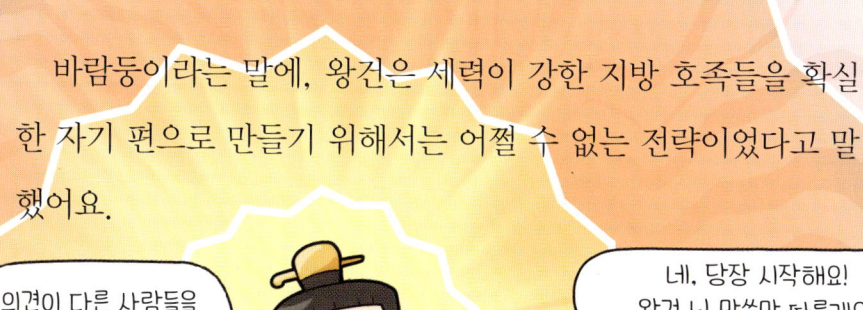

바람둥이라는 말에, 왕건은 세력이 강한 지방 호족들을 확실한 자기 편으로 만들기 위해서는 어쩔 수 없는 전략이었다고 말했어요.

주혁이는 지방 호족과 유민들을 모두 자기 편으로 만든 왕건이 자신의 고민도 말끔히 해결해 줄 것이라 기대했어요. 그런데……

보다 못한 설쌤이 '강아지 입양 체크 리스트'를 가져왔어요.

"반려동물을 입양하는 건 가족을 새로 맞이하는 것과 똑같아서 철저히 준비해야 해. 먼저 주혁이가 정말 좋은 반려견 주인이 될 수 있을지 이 체크 리스트로 확인해 보자."

주혁이는 체크 리스트를 천천히 읽어 봤어요.

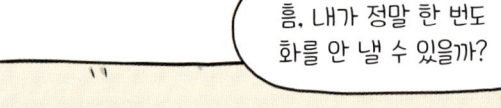

흠, 내가 정말 한 번도 화를 안 낼 수 있을까?

덜컥 입양은 NO!
강아지 입양 체크 리스트

1. 병원에서 털 알레르기 검사를 받았어요. ☑
2. 매일 30분 이상 산책시켜 줄 수 있어요. ☑
3. 아무리 말썽 부려도 화내지 않고 끝까지 책임질 수 있어요. ☐
4. 밥 주기, 양치질, 빗질, 목욕을 시켜 줄 시간이 충분해요. ☑
5. 평소 공감 능력이 뛰어나, 반려동물의 마음을 잘 헤아려요. ☐

힝, 안 키워 봤는데 어떻게 알아요?

3번에 체크를 안 했네? 강아지는 가끔 똥오줌도 아무 데나 싸고, 물건도 망가뜨린단 말이야. 그럴 때 인내심을 갖고 훈련시키는 게 얼마나 중요한데!

난 아니거든!

나도 궁예의 온갖 폭정을 꾹 참고 견딘 덕분에 고려를 세울 수 있었단다. 후고구려를 세운 궁예는 사람의 마음을 읽을 수 있는 능력인 관심법이 있다고 주장했어. 그리고 그 관심법으로 내가 반란을 일으키려 했다는 누명을 씌워 죽이려고 했지.

내가 그 시절만 생각하면, 끙!

 두 그림을 비교하여 서로 다른 곳 5군데를 찾아보세요.

왕건과 상담소 식구들은 주혁이가 자신 있게 '예'라고 대답하지 못한 3번 문제부터 해결해 보기로 했어요.

나는 우리 로빈이 아무리 말썽을 부려도 화내지 않고 평정심을 유지할 수 있다고. 주혁이 너도 한번 해 봐.

*그냥 새 가방이라고 알려 주는 거예요.

"이건 읽으면 안 돼! 비밀 편지란 말이야."

당황한 주혁이가 편지를 빼앗으려 했지만 로빈은 계속 으르렁거리면서 버텼어요. 그때 주혁이에게 좋은 생각이 떠올랐어요.

편지는 까맣게 잊은 채 인형을 물고 흔들고 던지면서 신나게 노는 로빈을 보면서, 설쌤은 주혁이를 칭찬했어요.

"주혁이가 로빈을 잘 다루는구나. 강아지가 만지면 안 되는 것에 집착하면 잠시 기다리는 게 좋아. 강아지가 스스로 물건을 놓는 순간, 다른 장난감으로 바꿔 주며 관심을 돌리는 거지."

기분이 좋아진 로빈은 주혁이의 얼굴을 마구 핥았어요. 주혁이는 처음에는 뿌듯했지만, 점점 얼굴이 로빈의 침으로 범벅되자 살짝 난감해지기 시작했어요.

"로빈, 언제까지 이럴 거니? 하하……."

그러자 왕건이 말했어요.

"내가 사냥을 많이 해 봐서 아는데, 보통 새끼 늑대는 엄마 늑대의 입 주변을 핥아. 엄마 배 속에서 반쯤 소화된 음식을 토하게 만들어 그것을 받아먹는 거지. 늑대의 후손인 개도 그 행동을 똑같이 하는 거야."

자, 주혁이가 로빈의 말썽을 잘 참았으니 인내심 훈련은 통과! 이제 5번 문항으로 가 볼까? 바로 공감 능력 키우기!

평강이는 반려견을 잘 키우려면 눈빛과 행동만 보고도 강아지가 무슨 생각을 하는지 단번에 알아채야 한다고 설명했어요.

곧바로 로빈의 '몸으로 말해요!' 퀴즈가 시작됐어요. 로빈은 손짓, 발짓, 코짓까지 동원하며 주혁이에게 문제를 냈어요.

"야, 어떻게 10문제 중에 하나를 못 맞히냐?"

주혁이가 30분 내내 틀리자 상담소 식구들과 왕건은 슬슬 지루해지기 시작했어요.

"주혁아, 아무래도 강아지 입양은 포기하는 게 좋겠구나."

왕건의 말에 주혁이는 강하게 고개를 저었어요.

"여기서 포기할 순 없어요. 자, 로빈, 마지막 문제를 내 봐! 이번에는 꼭 맞힐 거야!"

로빈이 다시 앞발로 설쌤, 평강이, 온달이를 차례차례 가리키고는 뱅그르르 돌았어요. 이번 문제는 평강이와 온달이에게도 어려운 모양이었어요.

"대체 뭐라고 하는 거야?"

"글쎄, 로빈이 입맛만 다셔도 뭘 먹고 싶은지 찰떡같이 알아채는 나도 이건 모르겠네."

다들 어리둥절해 하자 로빈은 답답하다는 듯 가슴을 한 번 치고는 상담실을 크게 돌아 하트를 그렸어요.

드디어 주혁이는 인내심 훈련과 강아지 공감 능력 테스트를 모두 통과했어요. 주혁이는 당장 부모님께 전화했어요.

 엄마! 강아지를 입양하면 동생 돌보듯 인내심을 갖고 끝까지 책임질게요! 약속해요!

 그래, 네가 정 그렇다면 엄마 아빠는 찬성이야.

 야호! 정말 잘할게요!

"엄마 아빠가 강아지를 입양해도 된대요!"

주혁이는 기쁨의 환호성을 질렀어요. 평강이와 온달이는 역사 고민 상담소가 오늘도 한 건 해결했다는 생각에 기분이 날아갈 것 같았어요. 설쌤도 흐뭇하게 주혁이를 바라보았어요. 왕건은 주혁이의 고민이 해결됐으니, 이제 고려로 돌아가야겠다면서 자리를 털고 일어났어요.

그때였어요.

누구 맘대로!

깜짝 놀란 상담소 식구들과 왕건은 식은땀이 삐질 흘렀어요. 주혁이 동생 상혁이가 부모님의 전화를 뺏어 들더니 화면 가득 채우며 버럭 화를 내지 뭐예요.

뚝. 상혁이는 그렇게 냅다 소리를 지르고는 전화를 끊어 버렸어요. 주혁이는 다시 시무룩해졌어요.

"인내심을 기르고, 강아지 마음도 잘 헤아리면 다 될 줄 알았는데……. 어떡하죠?"

왕건은 다시 한 번 골똘히 생각에 잠겼어요. 상담소 식구들과 주혁이는 왕건의 입에서 지혜로운 해결책이 나오길 기대했어요. 하지만 시간이 1분, 10분, 30분이 지나도록 왕건은 이렇다 할 묘안을 떠올리지 못한 채 이리저리 서성이기만 했어요.

결국, 주혁이는 강아지 입양을 포기해야겠다고 생각하고는 힘이 쭉 빠진 채 상담소를 떠나려 했어요.
그때 왕건이 "잠깐!" 하고 외쳤어요.

왕건은 좋은 생각이 났다면서 주섬주섬 품에서 무언가를 찾았어요.

"찾았다! 이것은 내 자손들이 고려를 다스리면서 반드시 지켜야 할 도리 10가지를 적어 놓은 '훈요 10조'란다. 불교를 중시하고, 백성들의 삶을 안정되게 하라는 내용을 담고 있지."

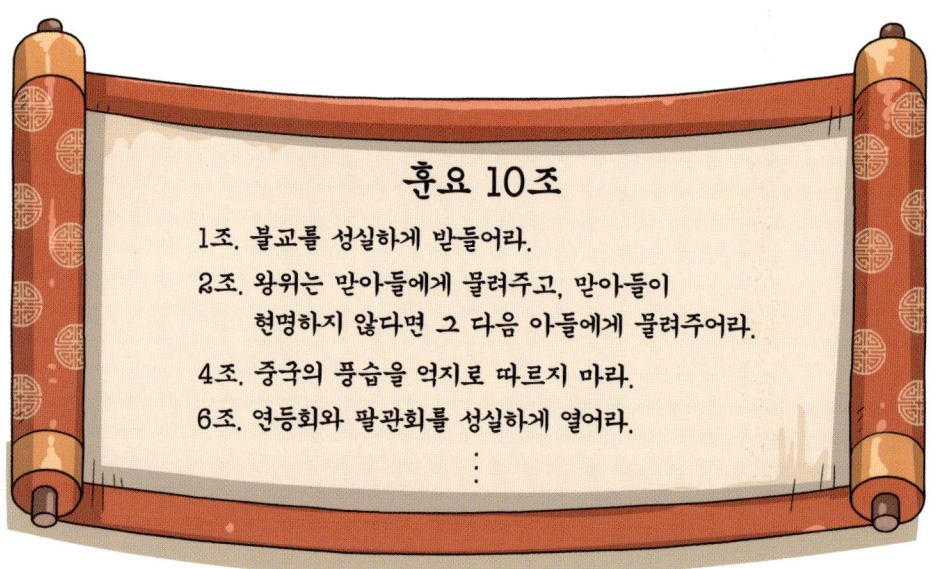

훈요 10조
1조. 불교를 성실하게 받들어라.
2조. 왕위는 맏아들에게 물려주고, 맏아들이 현명하지 않다면 그 다음 아들에게 물려주어라.
4조. 중국의 풍습을 억지로 따르지 마라.
6조. 연등회와 팔관회를 성실하게 열어라.

왕건은 훈요 10조를 소리 내어 읽은 다음, 주혁이에게 말했어요.

"이렇게 문서로 만들어 놓으면 반드시 지켜야 하지. 너도 동생에게 약속 10조를 징표로 만들어 네 진심을 전하거라."

주혁이는 자리를 잡고 앉아 강아지 입양을 위한 약속 10조를 써 내려갔어요.

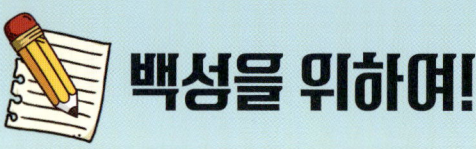

백성을 위하여!

아래 그림 속에 숨겨진 고려 유물들을 찾아보세요.

왕건은 고려를 세운 뒤 나라를 안정시키기 위해 많은 노력을 했어. 후손들에게 '훈요 10조'를 남겨 고려를 잘 다스리도록 했을 뿐 아니라, 흑창을 설치해 굶주리는 백성에게 곡식을 빌려주고, 가난한 백성에게는 세금을 10분의 1로 낮춰 주었지.

찾아봐요

개태사 석조삼존불입상

개태사는 왕건이 후백제를 정벌한 기념으로 지은 절이에요.

관촉사 석조미륵보살입상

우리나라에서 제일 큰 불상으로, 높이가 18미터입니다. 고려 광종 때 제작되었어요.

수창궁터의 용머리 조각

고려 왕실의 별궁인 수창궁에 있던 돌조각으로, 고려 시대의 돌 다루는 솜씨를 잘 보여 줘요.

내일 또 와야지!

왕건은 주혁이가 쓴 '강아지 입양을 위한 약속 10조'를 꼼꼼하게 읽어 보더니 주혁이의 머리를 쓰다듬어 주었어요. 설쌤은 사랑하는 마음만 갖고는 강아지를 잘 키울 수 없다는 점을 명심하라고 당부했어요. 새로운 식구를 맞이하는 만큼, 강아지가 행복하게 생활할 수 있는 환경을 미리 준비해야 한다고요.

　"네, 설쌤. 강아지는 가족이다! 꼭 기억할게요. 이제 이 약속 10조를 동생 상혁이에게 보여 줘야겠어요."

　주혁이는 설쌤과 왕건에게 꾸벅 인사하고 씩씩하게 상담소를 떠났어요.

설쌤은 왕건에게 고민을 말끔하게 해결해 줘서 고맙다고 인사를 한 뒤, 이제 다시 고려 시대로 보내 드리겠다고 했어요.

이런, 온달이가 평강이에게 '여자친구를 위한 약속 10조'를 써서 들려주고 있군요.

 몇 개월 후

"쌔애애앰! 평강아! 이거 좀 봐요!!"

헐레벌떡 뛰어온 온달이는 숨을 헐떡이며 신문을 내밀었어요.

강아지 스포츠 대회 최연소 출전, 왕주혁!

설쌤과 평강이, 온달이는 강아지 스포츠 대회에 출전한 주혁이의 기사를 읽으면서 주혁이와 반려견의 멋진 우정을 마음으로 응원했어요.

설쌤의 상담 일지 ❷

왕건이 알려 준
상대방의 신뢰를 얻는 노하우

이름	왕주혁 상담 날짜 6월 5일, 오전 11시
고민 내용	강아지를 키우고 싶은데 부모님이 반대해요.
처방전	인내심과 공감 능력을 키워 책임감 있는 모습을 가족에게 보여 줘라!
상담 내용	오늘 강아지를 키우고 싶지만 가족의 반대에 부딪힌 주혁이를 만났다. 반려동물을 무턱대고 입양하면 절대 안 된다. 책임감은 반려동물 입양에 가장 중요한 조건! 과연 주혁이는 좋은 보호자가 될 수 있을까?

축! 고려의 탄생

주혁이의 고민을 듣자마자 도움을 줄 만한 인물이 떠올랐다. 바로 고려를 세운 왕건! 신라 말기에 이르러 견훤이 후백제를, 궁예가 후고구려를 세우면서 후삼국 시대가 되었다. 그러

던 중 독재 정치를 하던 궁예가 쫓겨나고, 대신 왕건이 왕위에 오른 뒤 나라 이름을 고려라 바꾸었다.

나라 이름을 고려라 한 것은 고구려를 계승하겠다는 의미였다. 고려는 실제로 북쪽으로 영토를 넓히는 노력을 계속했다.

백성들의 마음을 얻으려면?

936년 후삼국을 통일한 태조 왕건은 후백제와 신라에 살던 사람들뿐 아니라 발해 유민까지 모두 받아들여 진정한 민족 통일을 이루었다. 하지만 각기 다른 나라에 살던 사람들의 마음을 하나로 모으는 것은 쉬운 일이 아니었다. 이에 왕건은 백성들의 마음을 얻기 위한 정책들을 펼쳤다. 세금을 10분의 1로 줄여서 백성들의 어려운 생활을 안정시켰고, 흑창을 설치해 가난한 백성에게 곡식을 빌려주기도 했다. 또 지방 호족들을 포섭하기 위해 혼인 관계를 맺었다. 이런 노력 끝에 고려는 하나의 나라로 자리 잡게 되었다.

강아지를 입양하는 것은 가족을 들이는 것과 마찬가지라 가족 모두의 의견을 모으는 것이 중요하다. 그러니 백성들의 마음을 모아 새로운 시대를 연 왕건이야말로 이 고민을 해결할 적임자란 말씀!

왕과 호족의 엎치락뒤치락 줄다리기

왕건이 세상을 떠난 뒤 왕건과 혼인을 맺었던 외척끼리 왕위를 둘러싼 다툼이 일어났다. 이런 상황에서 왕위에 오른 제4대 왕 광종은 왕권을 강화하고 호족들의 힘을 누르기 위해 여러 방면으로 노력했다. 우선 호족들이 불법으로 데리고 있던 노비들을 해방시켰고, 과거제를 실시하여 새로운 인재를 관리로 뽑았다. 제6대 왕인 성종은 신하인 최승로가 '시무 28조'라는 건의문을 올리자, 이를 받아들여 유교를 바탕으로 여러 제도를 만들었다.

유교가 나라를 다스리는 정치 이념이 된 한편, 불교는 나라의 지원을 받으며 발전했고 많은 백성이 의지하는 종교로 자리 잡았다. 불교는 건축이나 예술에도 영향을 주었는데, 특히 각이 많은 탑과 규모가 큰 불상이 많이 만들어졌다.

월정사 팔각구층석탑

용미리 석불입상

고려 시대의 석탑과 불상은 신라 시대에 비해 세련되지는 않지만 개성 있는 모습이야.

고려, Corea, 코리아!

고려는 북진 정책으로 북방 민족과 충돌이 많았는데, 특히 거란은 세 차례나 고려를 쳐들어왔다. 거란이 세 번째 침입했을 때는 고려의 강감찬 장군이 귀주에서 큰 승리를 거머쥐었다. 고려는 이후 북방 민족을 견제하기 위해 더욱 적극적으로 송나라와 무역을 했다. 특히 황해도 예성강에 있던 벽란도는 외국 상인들이 드나드는 국제 무역항으로, 송나라, 여진, 거란, 일본뿐만 아니라 아라비아 상인들까지 드나들었다. 이때 서양에서 고려를 '코리아'라고 불러 이름이 널리 알려지게 되었다.

고려의 대표적인 수출품

나전칠기 / 화문석 / 인삼

왕건의 '훈요 10조'에서 힌트를 얻은 '강아지 입양을 위한 약속 10조' 덕분에 주혁이는 마침내 강아지를 입양할 수 있었다. 주혁이가 앞으로도 그 약속을 잊지 않고 책임감 있는 보호자가 되길 바란다. 그런데 자꾸 강아지 스포츠 대회 트로피가 눈앞에 어른거린다. 그래, 우리 로빈이도 오늘부터 맹훈련이다!

하나, 둘, 하나, 둘! 설쌤, 온달이와 평강이, 그리고 로빈이 운동을 하고 있어요. 역사 연구와 고민 상담을 하느라 역사 고민 상담소에만 박혀 있었더니, 살이 통통하게 올라서 오늘부터 운동을 하기로 했거든요.

그런데 운동장 한가운데서 "와아아아!" 하는 소리가 들려왔어요. 무슨 일인가 하니, 상봉 마을과 하봉 마을 아이들 간에 축구 경기가 한창 벌어지고 있네요.

결국 시합은 20대 0, 하봉 팀의 완패로 끝났어요. 하봉 팀의 한 아이가 씩씩대면서 상봉 팀 아이들에게 다가갔어요.

"한 번 더 해! 우리를 우습게 보지 말라고!"

그러자 상봉 팀의 주장이 가소롭다는 듯이 대꾸했어요.

"하봉 팀 주장 도민준, 아직도 정신을 못 차렸냐? 좋아, 한 번 더 상대해 주지. 대신 내기를 걸어야지?"

상봉 팀 주장은 다음 경기에서 진 팀이 한 달 동안 상대편 선수들의 심부름을 하자고 제안했어요.

하봉 팀 주장 민준이는 잠시 고민하더니, 상봉 팀의 내기 제안을 받아들였어요.

"그, 그래! 누, 누가 겁낼 줄 알고!"

상봉 팀과 하봉 팀은 일주일 뒤, 다시 축구 경기를 하기로 했어요.

"훗, 용기가 가상하군. 도민준, 그때까지 꼭 살아 있어라!"

상봉 마을 아이들이 떠난 뒤 하봉 팀 아이들은 민준이에게 우르르 몰려와 따졌어요.

"네 마음대로 그런 내기를 하면 어떡해!"

"우린 망했다. 너 어쩌려고 그래?"

민준이는 고개를 푹 숙이고 고민에 빠졌어요. 혼자 운동장에 덩그러니 남아 한쪽 발로 애꿎은 운동장만 퍽퍽 찼어요.

민준이는 살금살금 설쌤의 역사 고민 상담소 식구들에게 다가갔어요.

"안녕하세요. 저한테 고민이 있는데요. 혹시 시간 있어요?"

저질 체력인 상담소 식구들은 겨우 10분 운동하고는 파김치처럼 늘어져, 민준이를 본체만체했어요.

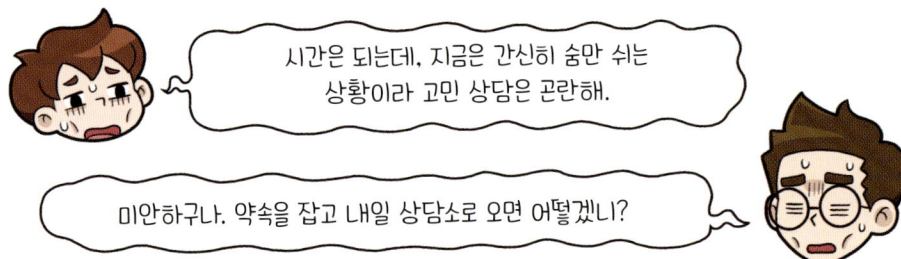

시간은 되는데, 지금은 간신히 숨만 쉬는 상황이라 고민 상담은 곤란해.

미안하구나. 약속을 잡고 내일 상담소로 오면 어떻겠니?

아니, 친절하기로 소문난 역사 고민 상담소가 이게 웬일이지요? 하지만 당장 일주일 뒤에 상봉 팀의 심부름꾼 처지가 될지도 모르는 민준이는 이렇게 물러날 수 없었어요.

정말요? 제가 이렇게 부탁하는데도요?

설쌤과 평강이와 온달이, 그리고 로빈은 민준이의 간절한 표정에 어쩔 수 없이 역사 고민 상담을 시작하기로 했어요.

"그래, 고민이 뭔지 어디 들어나 보자."

민준이는 다음 주에 열릴 축구 경기에서 상봉 팀 아이들을 이길 수 있게 해 달라고 말했어요.

 이 형님이 축구 좀 해 봐서 아는데, 축구는 연습이 생명이야. 연습만 꾸준히 하면 상봉 팀을 이길 날이 금방 올 거야!

그러게 말이야. 그런데 요즘엔 일주일에 한 번도 연습을 못할 때가 많아.

 연습량도 바닥이라니, 총체적 냉국이네, 냉국이야!

오이냉국 먹고 싶니? 총체적 냉국이 아니라, 난국이야. 어휴, 너야말로 총체적 난국이다!

설쌤은 민준이의 고민을 듣고 일주일 만에 축구 실력을 끌어올리려면 역사 속의 어떤 인물을 소환하면 좋을까 고민했어요.

아! 거란, 여진, 몽골, 홍건적 등 외세의 침입으로 약해진 고려를 다시 일으킨 왕! 고려의 자주성을 되찾고 개혁의 대명사가 되신 바로 그분!

설쌤은 얼른 스마트폰을 켜고 역사 고민 처방전 앱을 클릭했어요. 누구를 만나게 될까 잔뜩 긴장한 민준이는 침을 꼴깍 삼켰어요.

아니, 그런데 설쌤의 스마트폰이 꿈쩍도 하지 않는 거예요.

"설쌤, 스마트폰은 또 고장 난 거예요?"

그때였어요. 철봉 아래서 환한 빛이 비추더니, 역사의 문 안에서 다정하게 껴안고 있는 두 남녀가 보였어요!

설쌤은 민준이의 고민을 설명하면서 하봉 팀 아이들이 연습량도 부족한 데다 자신감도 바닥에 떨어져 강력한 변화와 개혁이 필요하다고 말했어요.

"호호, '개혁' 하면 우리 남편이 최고지!"

개혁의 상징, 고려 시대의 공민왕을 직접 만나다니! 하봉 팀에 딱 필요한 위인이라 생각한 민준이는 다시 친구들을 불러 모았어요.

운동장에 다시 모인 아이들은 의심스런 눈초리로 공민왕과 노국대장공주의 모습을 보며 수군거렸어요.

'아니, 저 사람들이 어떻게 상봉 팀을 이기게 해 준다는 거야?'

'말이 되는 소리를 해야지!'

공민왕은 아이들의 표정을 읽었는지, "흠흠." 하고 목소리를 가다듬고 말했어요.

"과거의 나쁜 습관을 버리고 새로운 전략으로 연습하면 상대가 아무리 강해도 이길 수 있단다!"

우리 사랑 영원히!

공민왕의 부인인 노국대장공주는 원나라 사람이지만 공민왕의 개혁 정치를 적극적으로 지지했고, 둘은 매우 사랑했어요. 두 사람의 포즈 순서의 규칙을 찾아 맨 마지막에 올 포즈를 맞혀 보세요.

공민왕과 노국대장공주는 하봉 팀이 연습을 조금밖에 안 하는 이유가 무엇인지 물었어요. 아이들은 저마다 한마디씩 하며 그동안 쌓인 불만을 털어놓았어요.

"민준이가 8시에 모이라고 하잖아. 8시에 학원 가야 하는데."

"유튜브에 '안 흔한 남매' 영상 올라오는 시간이란 말이야."

"너는 매일 5분씩 늦잖아."

"야, 너는 10분씩 일찍 가잖아."

운동장은 이내 시끌시끌해졌어요. 가만두었다가는 싸움으로 번질 기세였어요.

그때 한 아이가 의미심장한 말을 꺼냈어요.

아니, 이게 무슨 말일까요?

사실 하봉 마을에는 잔디가 깔린 축구 운동장이 하나 있다고 해요. 그런데 하봉 팀의 고학년 형들이 졸업한 후, 상봉 마을 아이들이 그 운동장을 독차지했다지 뭐예요? 하봉 마을 아이들이 좀 비켜 달라고 해 봤지만, 상봉 마을의 덩치 큰 형들이 무서운 표정을 지으며 꿈적도 하지 않는 거예요.

　하봉 팀 아이들은 운동장을 빼앗긴 뒤 연습량도 줄어들었어요. 다른 운동장에 겨우 모여 연습을 해도, 허락 없이 사용한다고 경비 아저씨에게 쫓겨났고요. 연습을 못 하니 시합마다 지고, 당연히 자신감도 없어졌지요.

노국대장공주는 아이들의 사정을 듣고 나서 당장 군사를 이끌고 상봉 마을로 쳐들어가 운동장을 되찾아 오자고 소리쳤어요.

하봉 팀 아이들은 웅성웅성 회의를 하더니, '우리도 공민왕처럼 상봉 마을 아이들에게 빼앗긴 운동장을 되찾자.'면서 상봉 마을로 우르르 달려갔어요.

됐고! 증거 있냐? 우리가 네 말을 어떻게 믿어?!

첫 번째 작전이 먹히지 않자 민준이는 곰곰 생각하더니, 두 번째 작전을 개시했어요.

내 말은 이 운동장 자리는 삼국 시대부터 우리 하봉 마을 땅이었지만, 우리가 큰맘 먹고 양보하겠단 말이야. 그러니 요일을 정해서 상봉 팀과 하봉 팀이 사이좋게 나눠 사용하자고.

음, 그으으래?

하지만 상봉 팀 아이들은 자기들끼리 수군거리면서 계속 시간을 끌었어요. 민준이는 안 되겠다 싶었는지 마지막 카드를 꺼냈어요.

상봉 팀 축구공 찢어졌다며? 운동장 양보하면 새 축구공 하나 줄게!

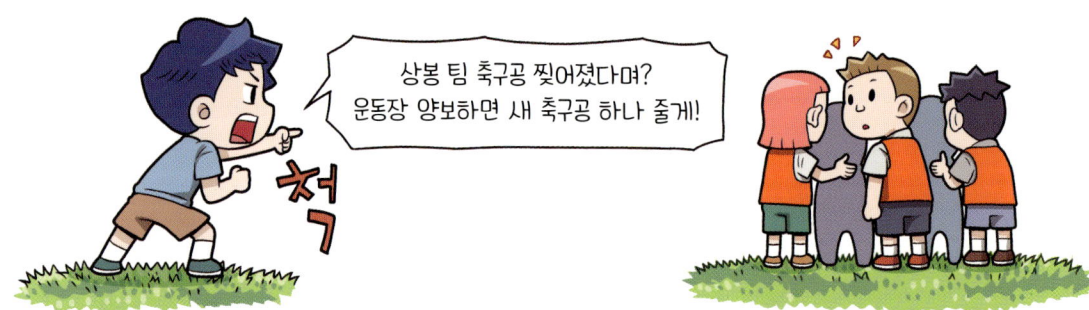

상봉 팀 아이들은 축구공이 찢어진 바람에 고무공을 갖고 연습하던 처지였어요. 마침 민준이네 하봉 팀에는 며칠 전 선물로 받은 축구공이 많았어요.

마침내 상봉 팀 아이들은 거래를 받아들였어요. 공민왕과 노국대장공주는 민준이가 거침없이 상봉 팀과 협상하는 모습을 바라보면서 흐뭇한 미소를 지었어요.

민준이와 하봉 팀 아이들은 드디어 잔디 깔린 운동장에서 연습할 수 있게 되었다면서, 얼싸안고 기뻐하며 다시 학교로 돌아왔어요.

학교로 돌아온 공민왕과 노국대장공주는 아이들에게 되찾은 운동장에서 열심히 연습하여 상봉 팀을 꼭 이기라고 격려한 뒤, 고려로 돌아가려 했어요. 그런데…….

평강이가 하봉 팀의 축제 분위기에 찬물을 끼얹었어요. 아이들은 다시 침울해졌어요. 하긴, 아무리 잔디 축구장에서 연습을 해도 어떻게 일주일 만에 덩치 큰 상봉 팀을 상대하겠어요?

꼬로롱 꼬로롱 꼬르르륵

설쌤, 배고파요. 먹고 하시죠!

이 상황에 배가 고프다니!

결국 설쌤은 아이들과 공민왕 부부에게 짜장면을 배달시켜 줬어요. 운동하고 먹는 짜장면은 정말 꿀맛이에요! 공민왕과 노국 대장공주도 입맛에 맞는지 그릇을 싹싹 긁어 먹었어요.

아-

여보 아아아~!

이 중국집 짜장면 진짜 맛있네요?

냠

'중국집'이라는 민준이의 말에 공민왕은 노발대발했어요. 고려의 철천지원수 나라의 음식을 먹다니, 제정신이냐며 마구 다그치는 거예요.

그래서 우리 남편은 왕이 되자마자, 고려에 유행하던 원나라 풍습을 금지했다고.

"원나라가 우리 고려를 얼마나 못살게 굴었는데! 비단, 쌀, 게다가 젊은 여자들까지 바치라고 강요하지를 않나, 일본을 공격하는 데 필요한 무기와 식량을 내놓으라고 하지를 않나……."

설쌤은 머리를 긁적이면서 사실 짜장면은 전통 중국 음식이 아니니 너무 화내지 말라고 공민왕을 진정시켰어요. 겨우 마음을 가라앉힌 공민왕은 본격적으로 상봉 팀을 이길 수 있는 개혁을 단행하자고 했어요. 먼저 아이들에게 하봉 팀의 가장 큰 문제점이 무엇인지 물어봤어요. 아이들은 입을 모아 말했어요.

뭐니 뭐니 해도 상봉 팀 선수들보다 덩치가 작아서 몸싸움에서 밀리는 거죠.

원간섭기의 고려

원나라의 간섭을 받던 시절, 고려에는 원나라의 몽골 풍속이 들어왔어요. 이것을 '몽골풍'이라고 해요. 또 고려의 풍속도 원나라에 유행했는데, 이것을 '고려양'이라고 불러요. 다음 그림에서 고려양과 몽골풍의 예를 찾아보세요.

상봉 팀에는 고학년 형들도 있으니 덩치 차이가 있는 건 어쩔 수 없는데, 이를 어찌하면 좋을까요? 공민왕은 곰곰 고민에 빠졌어요.

그때였어요. 아주 신기한 장면이 공민왕의 눈에 들어왔어요.

엄청난 균형 감각!!

공민왕의 눈이 번쩍 뜨였어요. 유목 민족이었던 원나라의 노국대장공주는 공민왕에게 직접 승마를 가르쳐 줄 정도로 운동 신경이 뛰어났으니 당연한 일이었어요.

공민왕은 노국대장공주에게 축구공을 내밀었어요.
"여보, 이것도 한번 머리로 튀기며 걸어 보시오."
노국대장공주는 축구공을 머리에 통통 튀기며 걸었어요. 공을 한 번도 떨어뜨리지 않고 운동장 한 바퀴를 빙 돌다니, 정말 놀라운 균형 감각이었지요.
"그래, 바로 저 기술이야!"
노국대장공주는 하봉 팀 아이들에게 헤딩으로 공을 안전하게 패스하는 기술을 전수해 줬어요. 아이들은 이 기술만 있다면, 덩치로는 상대가 안 되는 상봉 팀 아이들을 가볍게 제치고 골대까지 직진할 수 있을 것이라 믿었어요.

"여보, 여기서 시간을 너무 지체한 것 같구려."

어느새 저녁이 되었어요. 땀에 젖은 머리로 공을 튀기면서 열심히 연습하는 아이들의 뒷모습을 바라보다가, 공민왕은 노국대장공주의 옷깃을 잡아당겼어요.

"오늘 저녁 연못에서 오붓한 시간 보내기로 했잖아."

"어머, 벌써 시간이 이렇게 되었네?"

상담소 식구들은 역사의 문을 열어, 이제 둘만의 시간을 보내러 고려로 돌아가겠다는 공민왕과 노국대장공주를 보내 주었어요.

"잘들 계시게나. 하봉 팀 아이들 연습에 방해 안 되게 조용히 떠나겠네."

"민준이 녀석, 어떻게든 상봉 팀을 이기겠다는 의지로 친구들을 이끌고 문제를 해결하다니, 내 어린 시절을 보는 것 같군."

"그래도 내 눈에는 우리 신랑이 더 멋진걸!"

 일주일 후

드디어 상봉 팀과 하봉 팀의 축구 경기가 열리는 날이에요. 만약 하봉 팀 아이들이 진다면 한 달 동안 상봉 팀 아이들의 심부름을 해야 해요. 역사 고민 상담소 식구들도 떨리는 마음을 안고 운동장에 도착했어요.

그런데 이게 웬일인가요? 하봉 팀 아이들 대부분이 모습을 보이지 않았어요.

하봉 팀 단톡방

방글이
오늘 할아버지 환갑잔치가 있다는 걸 깜빡했어. 미안해.

장미
얘들아, 나 배탈이 나서 계속 설사해ㅠㅠ

도철이
우리 부모님 오늘 회사 가셔서 내가 동생 돌봐야 해. 어쩌지?

별이
으악, 라면 먹다가 손 데였어! 못 갈 것 같아ㅠㅠ 꼭 이겨!

훗, 다들 무서워서 도망쳤나 봐?

상봉 팀 선수들이 민준이에게 다가와 약을 올렸어요. 분하지만 어쩔 수 없었어요. 하봉 팀은 선수가 부족한 채로 경기를 뛰어야 했어요. 그때 설쌤이 운동장을 향해 소리쳤어요.

경기는 결국 2대 1, 상봉 팀의 승리로 끝났어요. 하봉 팀 아이들은 아쉽지만 처음으로 한 골을 넣었다며 서로 격려하고 토닥였어요. 하지만 한 달 동안 상봉 팀 아이들의 심부름꾼 노릇을 해야 한다고 생각하니 눈앞이 캄캄했어요.

그때, 상봉 팀 주장이 민준이에게 다가왔어요. 민준이는 침을 꿀꺽 삼키고 의연하게 말했어요.

"그래, 우리가 졌어. 약속은 약속이니까, 상봉 팀이 시키는 심부름은 무엇이든 할게."

> 흠흠, 내, 내기는 없던 걸로 할 테니까 그, 그 기술 좀 가르쳐 줄래? 헤딩으로만 공을 패스하는 것 말이야.

하봉 팀으로서는 나쁘지 않은 제안이었어요.

"좋아! 그럼 매주 일요일에 운동장에서 만나자. 노국대장공주님께 배운 신기술을 알려 줄게!"

상봉 팀과 하봉 팀은 극적으로 화해한 뒤, 다음 주 합동 훈련을 하기로 약속하고 헤어졌어요.

두 사람의 모습을 본 온달이는 경기가 끝난 지 30분이 넘었는데도 숨을 헐떡거리면서 말했어요.

"상봉 팀은 신기술을 배워서 좋고, 하봉 팀은 심부름 안 해도 되니까 좋고! 서로 원원이네!"

설쌤의 상담 일지 3

열 번 쓰러지면 열 번 일어난다,
그것이 바로 고려의 정신!

이름	도민준 **상담 날짜** 6월 20일, 오후 3시
고민 내용	오합지졸 우리 팀이 이기려면 어떻게 해야 하나요?
처방전	포기하지 말고 새로운 기술로 혁신해라!
상담 내용	하봉 마을의 민준이가 상봉 마을과의 축구 시합에서 이기고 싶다며 찾아왔다. 나이도 어린 데다 연습할 운동장도 마땅치 않은 하봉 마을 축구팀은 과연 이길 수 있을까?

갖은 시련을 이겨 낸 고려의 영웅들

우선 하봉 마을 아이들이 축구 실력을 키우려면 연습할 운동장을 되찾아야 했다. 민준이는 운동장을 독점하고 있는 상봉 마을 축구팀 아이들을 찾아가 협상을 시도했다. 협상하면, 고려의 서희를 따라갈 사람이 없지! 성종 때 거란이 고려를 쳐들어오자, 서희는 적진 한가운데로 들어가

강동 6주와 천리장성 고려는 거란과의 전쟁이 끝난 후 천리장성을 쌓아 외적의 침입에 대비했다.

거란을 설득해서 오히려 고려가 고구려를 이어받았음을 인정받고 강동 6주라는 땅을 새로 얻어냈다. 서희는 정말 최고의 협상가이다!

이후 거란이 다시 고려를 침입했을 때는 강감찬이라는 새로운 영웅이 등장해 귀주에서 거란군을 물리치고 큰 승리를 거두었다. 여진도 고려를 침입해 큰 피해를 주었지만, 이때 고려는 별무반이라는 강력한 부대를 만들어 여진을 물리쳤다.

하지만 고려의 시련은 여기서 끝이 아니었다. 몽골이 쳐들어온 것이다. 몽골은 13세기 들어 중앙아시아를 정복하고, 유럽까지 진출해 대제국을 이룰 정도로 막강한 나라였다. 이에 고려는 관군과 백성들이 힘을 합쳐 끝까지 싸웠다. 삼별초라는 군대는 끝까지 싸우겠다며 진도에 성을 쌓고, 제주까지 옮겨가며 항쟁을 계속했으나 끝내 진압되고 말았다.

공민왕, 원나라에 반격을 시작하다!

1270년, 고려와 몽골의 40년에 걸친 긴 싸움이 끝났다. 비록 전쟁은 끝났지만, 이후 몽골은 나라 이름을 원나라로 바꾸고 고려를 간섭하기 시작했다. 고려 땅을 빼앗아 쌍성총관부, 동녕부, 탐라총관부를 설치하고는 고려를 직접 지배했다. 또 고려의 왕을 원나라 공주와 결혼하도록 강요했고, 비단, 쌀 등 귀한 특산물뿐만 아니라 고려의 처녀들까지 바치게 했다.

그러나 고려는 다시 일어났다! 공민왕이 반원 자주 정책으로 강력한 개혁을 펼치기 시작한 것이다!

공민왕은 왕위에 오른 뒤 고려에 유행하던 몽골 풍습인 변발과 호복을 금지했고, 원나라의 힘을 업고 횡포를 부리던 친원파를 쫓아냈으며, 쌍성총관부를 공격해 빼앗겼던 철령 이북 땅을 되찾았다.

개혁 과정에서 친원파들이 힘을 잃자, 새로운 사회를 꿈꾸는 신진 사대부들이 성장하기도 했다. 그러나 안타깝게도 공민왕은 신하들의 배신으로 목숨을 잃었고, 개혁은 실패로 돌아가고 말았다.

공민왕과 노국대장공주 영정

백성들에게 힘이 되어 준 〈삼국유사〉

원나라가 고려를 간섭하면서 백성들이 힘겹게 살아갈 때, 승려 일연은 백성을 위해 〈삼국유사〉를 썼다. 이 책에는 우리 민족을 하나로 묶어 줄 수 있는 단군의 건국 이야기가 첫 부분에 나온다. 백성들은 〈삼국유사〉를 통해 자주 의식을 잃지 않고 하나로 뭉쳐, 외적들을 이겨 낼 수 있었다.

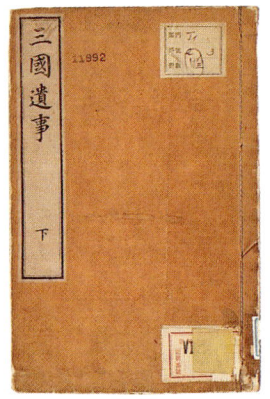

〈삼국유사〉

세계 최초는 아무나 하나!

끊임없이 외세의 침략을 받았지만, 슬기로운 고려 사람들은 계속해서 과학 기술을 발전시켰다. 부처님의 힘으로 몽골의 침입을 물리치고자 하는 마음으로 팔만대장경판을 완성했으며, 세계 최초로 금속 활자를 만들었다. 또 화약을 만들어 고려를 괴롭히던 왜구를 물리쳤고, 목화 재배에 성공해 백성들이 추운 겨울을 이겨 낼 수 있는 무명옷과 이불을 만들었다. 상감 기법으로 완성한 고려청자는 수백 년이 흘렀지만 오늘날에도 여전히 신비한 아름다움을 간직하고 있다.

팔만대장경

청자 상감 국화 대나무 무늬 매병

> 오호, 표면에 홈을 파고 다른 색의 흙을 메워 무늬를 만드는 상감 기법이로군! 정말 화려해!

이러한 고려의 정신이 하봉 마을 축구팀에게 스며든 덕분일까? 하봉 마을 축구팀은 비록 시합에서는 졌지만, 상봉 마을 축구팀의 제안으로 도리어 성장할 수 있는 기회를 갖게 되었다. 시련이 와도 현명하게 극복한다면 오히려 강해질 수 있다는 것을 민준이도 깨달았겠지?

한 번에 정리해요

여러분, 《설민석의 역사 고민 상담소 3. 발해와 고려 시대》를 재미있게 읽었나요?

부모님 때문에 헤어질 뻔한 샛별이와 아람이, 강아지를 키우고 싶은 주혁이, 매번 지기만 하는 축구 경기에서 꼭 한번 이기고 싶은 민준이의 고민 중 여러분은 어떤 고민에 가장 공감됐나요? 또 발해의 문왕, 고려의 왕건과 공민왕 중 누구의 해결책이 가장 인상 깊었나요?

이제 앞에서 읽은 내용을 정리하며 가볍게 문제를 풀어 보아요. 앞에서 읽은 내용을 차근차근 떠올리다 보면 정답이 선명하게 떠오를 거예요.

자, 그럼 시작해 볼까요?

문제 1. 다음 설명과 초성 힌트를 참고하여 빈칸에 알맞은 말을 써 보세요.

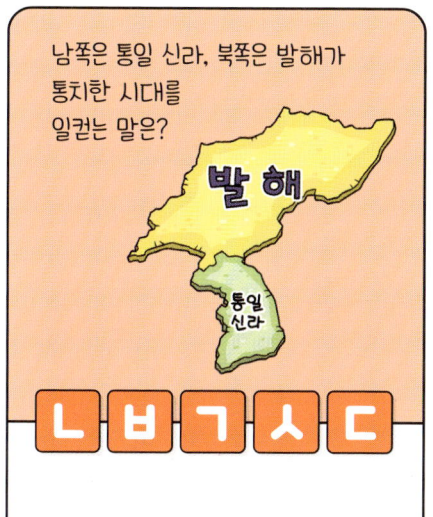

남쪽은 통일 신라, 북쪽은 발해가 통치한 시대를 일컫는 말은?

ㄴ ㅂ ㄱ ㅅ ㄷ

고구려 유민을 이끌고 발해를 세운 사람의 이름은?

ㄷ ㅈ ㅇ

발해의 3대 왕으로, 주변 나라들과 평화롭게 지내며 나라의 기틀을 튼튼히 만든 사람은?

ㅁ ㅇ

발해는 이 나라를 계승해 세워졌어요. 이 나라는?

ㄱ ㄱ ㄹ

문제 2. 다음 글과 그림을 보고 서로 연관된 것끼리 모두 연결해 보세요.

| 훈요 10조 | 반원 자주 정책 | 노국대장 공주 | 흑창 | 쌍성총관부 공격 |

문제 3. 공부는 하기 싫지만 성공하고 싶은 마음! 여러분도 그런가요? 자유롭게 의견을 써 보세요.

내가 그렇게 생각한 이유는

입니다.

※ 과연 설쌤의 역사 고민 상담소에서는 이 고민을 어떻게 해결할까요?
4권에서 확인해 보세요!

그동안 무슨 일이 일어났을까?

같은 시대, 우리나라와 세계에서는 무슨 일이 일어났을까요?
우리 역사의 흐름을 세계사와 함께 살펴봅시다.

698년
발해 건국
대조영이 당에 저항하는 고구려 유민들을 이끌고 동모산에 터를 잡고 발해를 세웠어요.

918년
고려 건국
왕건이 궁예를 추방하고 왕위에 올라, 나라 이름을 고려로 정했어요. 이후 고려 왕조는 500년간 지속되었어요.

926년
발해 멸망

935년
신라 멸망

936년
고려, 후삼국 통일
왕건이 후백제를 멸망시키고 후삼국을 통일했어요.

한국사 600년 900년
세계사

622년
마호메트, 메디나로 이주
이슬람교를 창시한 마호메트가 박해를 피해 메카에서 메디나로 이주하여 적극적인 포교 활동을 시작했어요.

962년
신성 로마 제국 출현
교황 요한 12세가 오토 대제에게 황제의 관을 씌워 줌으로써 신성 로마 제국이 시작되어, 1806년까지 역대 독일 국왕은 신성 로마 황제로 불려요.

979년
송, 중국 통일
송 태종이 분열되어 있던 중국을 통일했어요.

1019년
귀주대첩

1126년
이자겸의 난

1232년
강화도 천도

1236년
팔만대장경 제작 시작

1270년
삼별초 항쟁

특수 부대였던 삼별초가 몽골에 대항하여 제주도까지 가서 항쟁했으나 결국 진압되었어요.

1359년
홍건적의 침입

홍전적이 '송의 후손'을 자칭하며 고려를 침략했지만, 최영, 이성계에 의해 압록강으로 쫓겨났어요.

1374년
공민왕 살해

1392년
고려 멸망

1000년 — 1200년 — 1300년

1096년
십자군 제1차 원정

서유럽 그리스도교의 십자군이 이슬람 세계로부터 예루살렘을 빼앗기 위한 제1차 원정이 시작되었어요.

1206년
칭기즈 칸, 몽골 통일

칭기즈 칸이 중국 본토를 지배하고 유라시아에 걸친 대제국을 건설했어요.

1347년
유럽 흑사병 창궐

전 유럽에 흑사병이 창궐하여 서유럽 전체 인구의 약 3분의 2가 줄어들었어요.

 ## 이 책을 만든 사람들

글 설민석

우리나라 사람들이 가장 사랑하는 역사 선생님입니다. 머리에는 지식을, 가슴에는 교훈과 감동을 전하겠다는 일념으로 지난 20년간 한국사 대중화에 앞장섰습니다. 한국사는 지루하고 딱딱하다는 선입견을 깨고, 남녀노소 누구나 즐겁게 다가갈 수 있는 역사 콘텐츠를 만들기 위해 노력하고 있습니다. 그리고 이제, 〈설민석의 역사 고민 상담소〉 시리즈를 통해 새로운 역사 교육 방식을 제안합니다. 〈설민석의 역사 고민 상담소〉는 재미난 한국사 동화를 통해 어린이들의 말 못할 고민을 해결하는 동시에, 교과 과정에 입각한 필수 역사 지식을 습득할 수 있는 '신개념 에듀 스토리북'입니다.

지은 책으로는 〈설민석의 만만 한국사〉, 〈설민석의 한국사 대모험〉, 〈설민석의 세계사 대모험〉, 〈설민석의 통일 대모험〉, 〈설민석의 삼국지〉 시리즈 들이 있고, 《설민석의 무도 한국사 특강》, 《설민석의 조선왕조실록》 들이 있습니다.

글 서지원

한양대학교를 졸업하고 1989년 〈문학과 비평〉에 소설로 등단했습니다. 현재는 동화 작가와 논픽션 작가로 활동하고 있습니다. '책 읽는 서울 올해의 책', '원주 시민이 읽어야 할 올해의 책'에 선정되었고, '문화체육관광부 우수문학도서상', '환경부 우수환경도서상', '여성가족부 장관상' 등을 받았습니다. 지은 책으로는 《빨간 내복의 초능력자》, 《훈민정음 구출 작전》, 《4차산업 혁명과 미래 직업 이야기》들이 있으며, 초등학교 수학 교과서를 집필했습니다.

그림 조병주

2007년부터 교양 만화를 그리기 시작하면서 세상에 작은 도움이 되는 그림을 그리려고 애쓰고 있습니다. 그린 책으로는 〈흔한남매 안 흔한 일기〉 시리즈, 《만화로 읽는 동양 철학 시리즈》, 《한발 먼저 알자! 알자!: 현대》, 《세상을 바꾼 큰 걸음: 넬슨 만델라》, 《브리태니커 만화 백과: 세계의 문학》들이 있습니다.

감수 단꿈 연구소

국민의 바른 역사의식 함양을 위해 역사를 연구하고 공부하는 사람들이 모인 곳입니다. 설민석 선생님과 함께 인문, 역사, 어린이 등 다양한 분야의 콘텐츠를 만들고 있습니다.

정답

22~23 가자, 옛 고구려 땅으로!

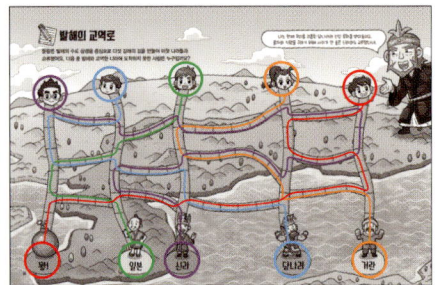

30~31 발해의 교역로

설쌤- 신라, 아람-당나라, 샛별-일본, 평강-거란, 온달-꽝!

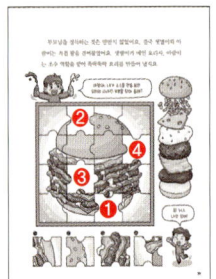

39쪽 퍼즐 맞추기

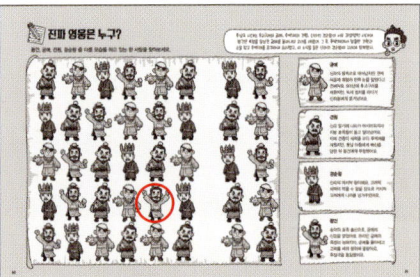

60~61 진짜 영웅은 누구?

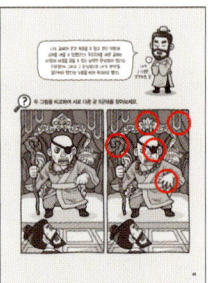

65쪽 다른 그림 찾기

78~79 백성을 위하여!

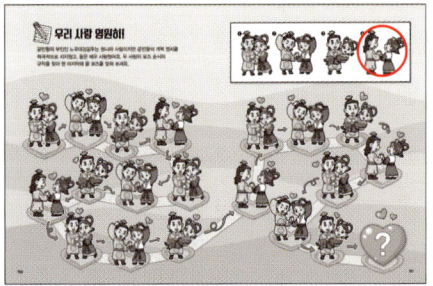

100~101 우리 사랑 영원히!

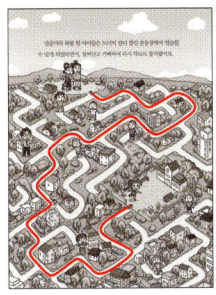

108 미로 찾기

112~113 원간섭기의 고려

129 한 번에 정리해요
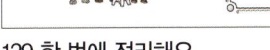
남북국 시대, 대조영, 문왕, 고구려

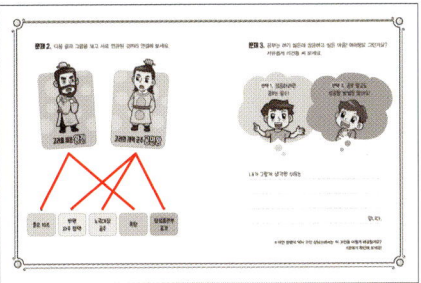

130 한 번에 정리해요

사진 출처

- 48 발해석등(연합뉴스)
- 86 월정사 팔각구층석탑(문화재청), 용미리 석불입상(문화재청)
- 126 공민왕 내외 영정(경기도박물관), 삼국유사(국립중앙박물관)
- 127 팔만대장경(강화역사박물관), 청자 상감 국화 대나무 무늬 매병(국립중앙박물관)
- 132 천사 가브리엘의 계시를 받은 무함마드(wikipedia), 신성 로마 제국의 상징(wikipedia)
- 133 팔만대장경(강화역사박물관), 청자 상감 매화 대나무 새 무늬 매병(국립중앙박물관), 십자군의 예루살렘 점령(wikipedia), 칭기즈 칸(wikipedia)

역사 고민 상담소에 털어놓아요!

누구에게나 말 못 할 고민은 있는 법! 여러분이 보내 준 고민 중,
《설민석의 역사 고민 상담소 3》의 주제 선정에 영감을 준 이야기를 소개합니다.

장재인 어린이

> 며칠 전에 단짝 친구에게 장난을 쳤는데, 친구가 그걸 진심으로 받아들여 요즘 저를 싫어하는 것 같아요. 어떡하죠?

김준영 어린이

> 태권도를 잘해서 검은띠를 빨리 따고 싶어요!

김태영 어린이

> 예전에는 매일 함께 다니던 친구가 인기가 많아지더니 나를 무시하는 것 같아요.

임태희 어린이

> 3학년 때 반장 선거에서 두 번이나 떨어졌어요. 4학년이 되어서는 반장이 될 수 있을까요?

김다윤 어린이: 단짝 친구가 다른 애하고만 놀아서 너무 서운해요. 어떻게 내 마음을 전하면 좋을까요?

황승태 어린이: 친구와 달리기 시합을 해서, 진 사람이 이긴 사람에게 선물을 주기로 했는데 저는 그 선물이 받기 싫어요. 어떻게 말하면 좋을까요?

최비가나 어린이: 학교에서 말하고 싶은 것을 제대로 표현하지 못 해요.

4권에서 만나요!

《설민석의 역사 고민 상담소 3권》을 읽고, 책을 읽은 소감과 설쌤에게 털어놓고 싶은 고민을 적어 주세요. 많은 어린이들이 공감할 만한 고민이나 '나만의 엉뚱한' 고민은 4~5권과 유튜브 설쌤TV 에피소드의 소재로 선정됩니다.

응답 기간 ~2021년 8월 30일까지
발표 2021년 9월 중 당첨자에 한해 개별 안내
참여 방법 스마트폰으로 QR 코드를 스캔한 후, 설문지가 뜨면 문항에 답해 주세요.